Im Zauberbann des Feenreichs

Kleine Botschaften aus der Natur

auserlesen von
Bertram Wallrath

KLEINE KOSTBARKEITEN

Smaragd

Quellennachweis
Ted Andrews

ISBN 3-926374-44-6

Feenkarten

ISBN 3-926374-46-2

Lisa Raddatz
Botschaften aus dem Reich der Natur

ISBN 3-926374-53-5

1. Auflage 1998
2. Auflage 1999

Titelbild: Angelica/XP Presentation, Boppard
Satz: XPresentation, Boppard
Druck: Kossuth Printing, Budapest
ISBN 3-926374-57-8
99 00 01/4 3 2

Inhalt

Ich glaube an Feen und Elfen. Ich glaube an Bäume, die sprechen können, und an Höhlen, die zu den Reichen unter der Erde führen. Ich weiß, daß es Drachen und Prinzessinnen gibt und Weisheit in allen Dingen. Ich habe Engel und Devas gesehen und Wesen, die mit uns arbeiten bei allem, was wir tun.

Meine Welt ist voller Farbe, voller Freude und voller Wunder.

ES IST ZEIT, SICH ZU ERINNERN

Bertram Wallrath / Ted Andrews

Als Kinder lebten wir in dem Bewußtsein, daß alles sein eigenes Leben und seine eigene Energie hat. Die Entfernung zwischen unserer Welt und dem, was wir jetzt »Phantasie« nennen, war nicht größer als zu dem Schrank in unserem Kinderzimmer oder dem Hof hinterm Haus. Jeder Grashalm, jede Blume wußte eine Geschichte zu erzählen. In unseren Ohren wisperte der Wind, Schatten wurden lebendig, und Wälder waren mehr als nur eine Ansammlung von Bäumen.

Bei unserer Suche nach dem modernen Leben haben wir verlernt, mit den Augen eines Kindes zu sehen, und machen uns lustig über jene, die dies tun. In einer Welt des High Tech und der Technologie sind wir den feinen Schwingungen der Natur gegenüber unsensibel geworden. Wir bauen Mauern um unser Leben, um uns vor dem zu schützen, was wir nicht verstehen. Obwohl unser Leben sicherer und behüteter zu sein scheint, hat es viel Staunen und Freude verloren.

In diesem kleinen Führer zeigen wir Ihnen, daß nichts auf der Welt stirbt. Auch wenn die Tore zum Feenreich im Verborgenen liegen mögen - es gibt eine Möglichkeit, sie zu finden. Wir werden Ihnen zeigen, daß Bäume sprechen können und Blumen und Blüten noch immer die Lieblingsplätze des **Kleinen Volkes** sind. Wir werden Ihnen helfen, sich zu erinnern, und Sie werden entdecken, daß Feen und Elfen immer noch in der Natur und in Ihrem Herzen tanzen.

DAS FEENREICH ERLEBEN

Obwohl viele Wesen aus diesem Reich den Kontakt mit Menschen ausweichen, hat jeder mit ein wenig Geduld und Hartnäckigkeit die Fähigkeit, ihnen zu begegnen. Die Bewohner dieser Reiche sind neugierig auf Menschen und die Lebendigkeit, die diese zum Ausdruck bringen, und sie sind uns näher, als Sie sich vielleicht vorstellen können.

Die Mitglieder des **Kleinen Volkes** haben viele Fähigkeiten. Auch wenn wir sie anfangs mit dem physischen Auge nicht wahrnehmen können, sind die Orte, an denen man sie finden kann, durchaus physisch und sichtbar. Je mehr Zeit Sie an derartigen Orten verbringen, desto größer ist die Wahrscheinlichkeit, daß Ihnen ein Kontakt gelingt.

Zuerst werden Sie die Anwesenheit von Feen und Elfen durch die fünf Sinne erleben - dies kann ein Duft sein oder ein Funkeln im Augenwinkel. Vielleicht tränen auch Ihre Augen ein wenig. Oder Sie hören ein leises Klingeln. Je mehr Sie auf diese Wahrnehmungen achten, wie leicht oder imaginär sie auch sein mögen, desto stärker werden Sie sich ihrer Gegenwart bewußt werden. (Und, Vorsicht! - Denken Sie nicht, alles, was **Einbildung** ist, sei **nicht real**. Diese beiden Begriffe sind nicht austauschbar).

Die meisten Techniken, geistige Kontakte jeglicher Art herzustellen, sind einfach und stützen sich auf wirkungsvolle Meditationsmethoden. Wenn wir uns einer Vision öffnen wollen, müssen wir lernen, in diesem meditativen Stadium die Stellung der Augen zu verändern. Dies geschieht oft automatisch, wenn wir uns in einem veränderten Bewußtseinszustand befinden. Visualisierung, Konzentration und kreative Vorstellung führen zu höheren Formen der Inspiration und einer vollbewußten Wahrnehmung des Feenreiches.

Von den drei genannten Eigenschaften ist die kreative Vorstellungskraft die wichtigste. Wer sie richtig entwickelt, wird den Zugang zum spirituellen Hintergrund des physischen Lebens finden. Wir lernen, die spirituellen Essenzen und Energien zu sehen, die die physische Welt ständig umgeben und mit ihr in Wechselwirkung stehen. Um damit arbeiten zu können, muß die Energie, die vom übersinnlichen auf den sinnlichen Bereich des physischen Lebens übertragen wird, die Form von Bildern annehmen. Dies gilt auch für die Arbeit mit dem Feenreich. Die Wesen dieses Reiches werden oft in dem Gewand erscheinen, das wir in unserer Vorstellungskraft gesehen und erwartet haben.

Was wir als Imagination ansehen, ist in einem Bereich jenseits der normalen Welt der fünf Sinne Realität, wenn auch in anderer Form. Mit der kreativen Vorstellungskraft schaffen wir eine neue Bewußtheit und eine neue Verbindung in Form und Farbe zu jener Welt. Meditation hilft uns, die Fähigkeit des Geistes anzuregen, Bilder zu schaffen und wahrzunehmen.

Dies führt zur Aktivierung der rechten Hirnhälfte. Durch die rechte Seite des Gehirns nehmen wir Dinge wahr, die Phantasie sein mögen - nur sichtbar für das geistige Auge - oder erinnern uns an Dinge, die real sein können. Wir sehen, wie die Dinge im Raum existieren, und wie sich einzelne Teile zu einem Ganzen zusammenfügen. Wir sehen, was verborgen sein mag, wir verstehen Metaphern, wir träumen und erleben Erkenntnissprünge. Das Intuitive, das Subjektive, das Miteinanderverbundensein, das Ganzheitliche, das Zeitlose - sie alle sind Vorgänge der rechten Hirnseite. Die durch diese Hirnhälfte geschaffenen Bilder reflektieren die Informationen und Daten, die wir durch die Sinne erfaßt haben - Vergangenheit, Gegenwart und Zukunft. Die rechte Hirnhälfte ist eine direktere Verbindung zu den tieferen Schichten des Unterbewußtseins, in denen alte Erinnerungen und feinstoffliche Wahrnehmungen gespeichert sind.

Aber woher wissen wir, ob das, was wir erleben, nur eine Reflexion unserer kreativen Vorstellungskraft ist oder ein tatsächlicher Kontakt mit dem Feenreich?

Zu Beginn verwenden wir die meditativen Übungen und beobachten uns dabei, indem wir uns ausmalen, wie wir es tatsächlich erleben würden. Was wir uns vorstellen, ist sehr wahrscheinlich eine Reflexion dessen, was wir unbewußt beobachtet und erlebt haben, da das Unterbewußtsein alle Formen von Energie aufnimmt, die uns begegnen, ob wir uns dessen bewußt sind oder nicht. Durch die Meditation schicken wir unserem Unterbewußtsein eine Botschaft mit der Bitte, uns ein Feedback auf das, was es erlebt, zu geben. Dann wandelt das Unterbewußtsein diese Erlebnisse in Bilder um, die uns in der Meditation als Szene erscheinen.

Durch die Vorstellungskraft öffnen wir Türen, mit der Inspiration erforschen wir, was sich dahinter verbirgt. Wenn wir dem Erlebten gegenüber offen bleiben, werden wir allmählich bewußte Kontakte haben. Wir nehmen die Feen direkt wahr und nicht mehr nur Bilder von ihnen. Dann werden sie greifbar.

Die Erlebnisse jedes einzelnen werden unterschiedlich sein. Der eine hat vielleicht mehr Erfolg mit den Blumenfeen, der andere mit den Elementargeistern. Ich kann die Geister in Bäumen und Sträuchern problemlos sehen, muß mich aber sehr viel mehr darauf konzentrieren, die Wesen des Blumenreiches wahrzunehmen. Jeder Mensch hat eine andere Energie, und jeder muß seinen Weg finden, auf dem er am leichtesten Zugang bekommt.

Du bist
ein Schmetterling,
der im Glanz der Sonne
über eine Blütenwiese tanzt

Du verfügst über eine schier unerschöpfliche Ausdauer. Nichts und niemand scheint dich davon abhalten zu können, deinen Spaß zu haben. Es sei denn Naturgewalten. Meinst du! Solange die äußeren Umstände angenehm sind, bist du nur schwer zu bremsen. Und das will auch keiner. Aber du läßt dich in Augenblicken der Unachtsamkeit leicht »überfahren« und aus der Bahn werfen. Nicht immer bringt Regen Segen. Also, aufgepaßt und an die Zukunft denken. Dann bist du bei unvermeidlichen Tiefschlägen vorbereitet und nicht mehr hilflos.

Schließlich laufen jede Menge Leute mit Schmetterlingsnetzen durchs Leben, die nur auf einen appetitlichen, hübschen Happen, wie du es bist, gewartet haben. Und schwupp! ...

ANZEICHEN FÜR ANNÄHERUNGSVERSUCHE UND DIE GEGENWART VON FEEN

- Ein plötzliches unerklärliches Zittern oder Rascheln der Blätter.

- Ein Wirbelwind oder eine Staubwolke.

- Grashalme beugen sich ohne wahrnehmbare Ursache.

- Plötzliche, unerklärliche Kälteschauer und Gänsehaut, wenn man allein in der Natur ist.

- Das Gefühl, ein Insekt würde durch das Haar krabbeln.

- Ein Kräuseln des Wassers, wenn nicht durch einen Fisch, eine Brise oder etwas anderes erklärbar.

- Extreme Albernheit und zeitweilig unkontrollierbares Gelächter.

- Ein unerklärlicher Zeitverlust.

DIE BESTEN ZEITEN FÜR FEENKONTAKTE
(alle »Zwischenzeiten«)

- Morgendämmerung
- Abenddämmerung
- Mittag
- Mitternacht
- Tag- und Nachtgleiche und Sonnenwenden - vor allem im Herbst und Frühling

Diese »Zwischenzeiten« sind jene, die nicht bestimmbar oder definierbar sind - also die Zeiten dazwischen. Die Morgendämmerung ist weder Tag noch Nacht, und ebenso die Abenddämmerung. Mittag ist weder Morgen noch Nachmittag, und Mitternacht ist weder der alte Tag noch der neue.

Im Winter hält die Natur ihren Winterschlaf. Im Sommer hingegen entfaltet sie all ihre Pracht, und die Naturwesen sind sehr emsig. Im Herbst und Frühling ist die Natur weder untätig noch voll aktiv. Und so sind die Naturgeister weniger beschäftigt und für Kontakte offener. Mit etwas Übung können Sie, während Sie in der Morgen- oder Abenddämmerung spazierengehen, lernen, Elfen und Feen an den Waldrändern wahrzunehmen oder zu erspüren.

DIE BESTEN PLÄTZE FÜR BEGEGNUNGEN MIT FEEN
(alle »Zwischenplätze«)

– Verzweigungen von Flüssen.
– Straßenkreuzungen.
– Strände und Meeresufer.
– Ufer von Binnenseen.
– Zäune und Hecken.
– Inseln.
– Schwellen.
– Straßenbiegungen.
– Treppenschachte, Treppenabsätze und Korridore.
– Jede Öffnung zu Wasser oder zu Lande.
– Waldschneisen.
– Priele.

Jeder Ort in der Natur, der weder das eine noch das andere ist, gehört zum Reich der Feen. So ist ein Flußufer weder Fluß noch Land. Es ist ein Land des Schattens. Eine Insel oder Halbinsel ist weder Teil der Landmasse noch Teil des Meeres; sie ist ein Land des Schattens.

*Du bist
eine duftende Orangenblüte
die sich der Sonne öffnet*

Deine Anlagen sind hervorragend und werden mit der Zeit Früchte tragen. Der Weg, den du gehst, erfordert aber einiges an Zeit und Geduld, dann werden sich die Erfolge wie von selbst einstellen. Du kannst nicht viel falsch machen, wenn du bei der einmal eingeschlagenen Richtung und Verfahrensweise bleibst. Obwohl du noch ein ganzes Stück Weg vor dir hast, sind die Ergebnisse deiner Handlungen schon jetzt für andere spürbar. Wenn jetzt keine Richtungsänderung deinerseits oder eine »Naturkatastrophe« dazwischen kommt, kannst du nicht mehr scheitern. Weiter so, und genieße diese Schönwetterperiode.

BLUMENFEEN UND -ELFEN

Blumenfeen und -elfen gehören zu den zartesten und schönsten Wesen des Feenreichs. Sie sind so zahlreich wie die Blumen selbst, und sie haben vielfältige Aufgaben.

Es gibt Feen, die den Blumen helfen, ihren Duft abzugeben. Andere helfen ihnen zu wachsen. Blumenelfen und Gnome gestalten die Farbe der Blumen, und auf den Feldern gibt es Feen und Elfen, die über den gesamten Bereich wachen.

Jede einzelne Blume hat ihre besondere Fee, die den Geist und die Essenz der Blume verkörpert. Sie überwacht oft die Aktivitäten der anderen, die mit oder um diese eine Blume arbeiten. Indem wir lernen, mit dieser Fee Verbindung aufzunehmen, erhalten wir den Schlüssel zu den Energien der Blumen und den Wahrnehmungen aller anderen, die in der Nähe arbeiten.

Blumen sind seit jeher eine großartige Quelle der Inspiration und Energie gewesen. Heiler, Metaphysiker und Dichter - sie alle haben die Aspekte der Blumen genutzt. Viele Blumen sind mit Göttern und Göttinnen in Verbindung gebracht worden, und oft genug hat man ihnen mystische Eigenschaften zugeschrieben.

Blumen in jeglicher Gestalt sind die Quelle starker Energieschwingungen. Das gilt selbst für getrocknete

Blumen. Nur verblühende und verblühte Blumen haben diese Wirkung nicht mehr. Bei ihnen arbeiten die Elementarwesen am Zerfall der Blume, um sie ihrem natürlichen Element zurückzugeben. Alle Energie der Elementarwesen und der Blumenfeen werden dann nach innen gezogen, um diesen Zerfall zu beschleunigen. Daher hat die Energie von Blumen in diesem Stadium einen umgekehrten Energieeffekt. Anstatt Energie abzugeben, ziehen sie Energie an.

Aus diesem Grunde ist es nicht gut, verblühende Blumen im Zimmer oder in der Nähe zu haben, da die Elementarwesen Ihnen Energien abziehen könnten, um den Zerfall der Blumen zu beschleunigen. Sie fühlen vielleicht, wie die Energie abfließt und Sie müde werden. Blumen im Haus, die verblühen, sollten nach draußen ins Freie gebracht werden (Komposthaufen etc.). Bei Wildblumen, die getrocknet werden, ist es hingegen kein Problem, da die Elementarwesen Energie aus der Natur in der Umgebung abziehen, um den Zerfall zu beschleunigen, und Sie werden daher nur wenig oder keine Wirkung verspüren.

Die Spiritualisten heutzutage sind mit den Energieaspekten der Blumen und Blumenfeen sehr vertraut; sie stellen Blumen in den Seance-Raum oder in jeden anderen Bereich, in dem spirituelle Aktivitäten stattfinden. Der Duft, die Farbe und die Aktivität der Blumenfeen erhöhen die Energieschwingungen der Menschen und der Umgebung. Dabei ist es wichtig zu wissen, daß Blumenpflücken die Aktivitäten der Blumenfeen und Elementarwesen nicht hemmt. Daß eine Rosenblüte auch noch nach dem Pflücken blüht, liegt an der unermüdlichen Arbeit der Blumenfeen.

Stirbt die Blume jedoch, dann stirbt auch der Ur-Geist der Pflanze zusammen mit den anderen Feen, die mit ihr verbunden sind. Manche gehen vielleicht zu anderen Blumen in der Umgebung über und helfen ihnen beim Wachsen. Die Elementarwesen bleiben jedoch bei dieser Blume, um an ihrem Zerfall und der Rückkehr ins Reich der Naturelemente zu arbeiten. Bei winterharten Pflanzen ziehen sich die Blumenfeen zurück und helfen der Pflanze durch ihre Ruhepause, bis es Zeit ist, wieder zu wachsen und zu blühen.

Viele Menschen empfinden dies als sehr traurig, aber wir dürfen nicht vergessen, daß die Wesen aus dem Feenreich einen viel besserer Einblick in das Leben und den Sterbeprozeß haben als die Menschen. Für sie ist das ein schöpferischer Prozeß, voller Freude auf allen Ebenen. Die Blumenfeen und andere Wesen aus dieser Welt haben zwar nur eine kurze Lebensspanne, aber ihre Zeit ist wundervoll, strahlend, warm und schön. Haben wir als Menschen Tausende von Tagen, so haben sie Tausende von Augenblicken, in denen sie sich ihres Lebens erfreuen, schließlich wissen sie, daß Schönheit durch den Tod nicht stirbt. Jeder Augenblick ihres Lebens ist lang und schön, voller Freude und süßer Gefühle.

Blumenfeen sprechen oft mit uns, aber meistens achten wir nicht darauf. Erinnern Sie sich an einen Spaziergang, bei dem Sie den süßen Duft einer Blume aufgefangen haben? Es war der Gruß einer Fee. Oder haben Sie je die schöne Farbe einer Blume bewundert? Die Feen haben Ihre Aufmerksamkeit geweckt. Haben Sie eine Lieblingsblume? Ihre Blumenfee hat Ihnen etwas Besonderes zu sagen. Jedesmal, wenn Sie den Duft einer Blume einatmen oder sich über ihre Farbe freuen, grüßen Sie die Blumenfeen.

Jede Blumenfee und -elfe ist ein wundervolles, einzigartiges Produkt der Schöpfung. Jede hat ihre eigene Energie, ihr eigenes Aussehen und oft ihre eigene Persönlichkeit. Jede Blume, also auch jede Blumenfee, kann uns etwas anderes lehren. Jede Blume und jede Blumenfee wirkt auf uns in einzigartiger Weise. Jede Blumenfee hat ihre eigene Weisheit, die sie freudig mit uns teilt, wenn wir dafür offen sind.

Sich auf die Blumenfeen einzustimmen, ist nicht schwer. Lernen Sie soviel wie möglich über Blumen. Wie und wo wachsen sie? Machen Sie sich mit ihren Wachstumsprozessen und all ihren Teilen vertraut: Wurzel,

Zwiebel, Stengel, Blätter, Blüten, etc. Jeder Aspekt der Blume hat eine Bedeutung und ist an eine bestimmte Feenaktivität gebunden.

Kaufen Sie regelmäßig einen Blumenstrauß. Zeichnen und malen Sie Bilder von Blumen. Pflanzen Sie Blumen in den Hof, in den Garten oder in einen Blumentopf im Haus. Lassen Sie in einem Teil Ihres Gartens Wildblumen frei wachsen. Fertigen Sie ein Amulett an mit dem Bild Ihrer Lieblingsblume auf der einen Seite und einem Bild der Fee auf der anderen. Machen Sie regelmäßig die Meditationen in »Zauber des Feenreichs«, die von Scott Cunningham beschrieben sind; sie werden Ihre Verbindung zu den Blumenfeen immens vergrößern.

Wenn Sie sich auf die Blumenfeen und -elfen einlassen, öffnen Sie sich einer der kreativsten Ausdrucksarten von Mutter Natur. Sie öffnen sich der Schöpfung in all ihrer Vielfalt - und damit der Freude, dem Wachstum und dem Erhalt des Lebens. Es sind diese Eigenschaften von Mutter Natur, die sich in den Blumen symbolisch zeigen und durch die Blumenfeen und -elfen zum Ausdruck gelangen.

Die nachstehende Aufstellung der Blumen verrät Ihnen etwas über die Feen und Elfen, die mit ihnen zu tun haben. Sie schließt auch die Weisheit und Energie ein, die diese Wesen ganz leicht auf uns übertragen können, wenn wir lernen, mit ihnen zu arbeiten. Denken Sie daran: Jede Blume und ihre Fee ist einzigartig, doch bestimmte Blumengruppen und ihre Feen verkörpern bestimmte Eigenschaften.

Wenn Sie eine Vorliebe für bestimmte Blumen haben, beschäftigen Sie sich zuerst mit diesen. Vielleicht gibt Ihnen die Beschreibung eine Erklärung, warum Sie sich von diesen Blumen besonders angezogen fühlen. Sie lernen, wie die Feen durch sie arbeiten.

BLUMEN UND IHRE FEEN

Denken Sie daran, daß die meisten Blumenfeen sich in den Farben ihrer Blume enthüllen. Für dieses Kapitel wurden Blumen ausgewählt, die leicht zu finden und zugänglich sind. Es gibt eine breite Vielfalt, und jede Pflanze hat ihre eigenen Feen und Energien.

Viele Heilenergien, Eigenschaften und symbolische Bedeutungen von Blumen sind das Ergebnis der Arbeit der Feen. Wenn Sie sich mit diesen Aspekten der einzelnen Blume beschäftigen, werden Sie Einblick in die Eigenschaft der mit ihr verbundenen Feen erhalten. Und wenn Sie lernen, sich auf *eine* Blumenfee einzustimmen, wird die Begegnung mit den anderen leichter.

Angelika - Engelwurz

Die Blumenfeen von Angelika sind sehr schön. Die Pflanze gehört zur Familie der Doldengewächse, und obwohl viele Menschen sie nicht schön finden, widersprechen die Feen und Elfen dieser Meinung. Für jeden, der seine Verbindung zum Königreich der Engel intensivieren möchte, ist diese Blume wunderbar geeignet. Die Feen von Angelika stärken die Aura und bringen Glück und starke Energie. Sie wissen, wie man mehr Freude ausstrahlen kann. Sie können die Art und Ursache von Problemen in Ihrem Leben enthüllen. Sie fördern die Intuition; manchmal verlassen sie sogar ihre Blumen und folgen den Menschen, für die sie eine Vorliebe haben, für kurze Zeit, um ihre Freunde zu werden und ihnen als Schutzengel zu dienen.

Basilikum

Der Feengeist von Basilikum zeigt sich oft in mehr als einer Elfenform. Er verfügt über das Wissen, wie man Sexualität und Spiritualität verbindet. Wo Basilikum wächst, findet sich in der Nähe meist ein Drachen, der als Beschützer fungiert. Als Räucherwerk verbrannt, zieht Basilikum Drachen an. Seine Feen und Geister helfen uns, mehr Disziplin und Hingabe zu entwickeln.

Butterblume

Diese Blumenfee ist Menschen gegenüber so voller Mitgefühl und Sympathie, daß sie Ihnen helfen wird, Ihre besonderen Gaben zu erkennen und diese im Leben anzuwenden. Die Butterblume und ihre Feen verfügen über riesige Heilenergien und viel Verständnis für die Situationen der Menschen. Daher sind sie eine große Hilfe, wenn wir unser Selbstwertgefühl neu entdecken wollen. Sie geben Licht, damit wir uns neuen Gelegenheiten öffnen und unserem Leben eine neue Richtung geben können.

Chrysantheme

Die Blumenfeen der Chrysanthemen berühren ganz sanft das Herz. Sie stimulieren die Vitalität und können helfen, die allgemeine Lebenskraft des Menschen zu stärken. Sie wissen, wie man diese Lebenskraft liebevoll zur Heilung einsetzen kann.

Flieder

Obwohl, botanisch gesehen, ein Baum, sind die Blüten des Flieders voller Feen und Elfen. Die Blüte duftet stark und kräftig, und wenn Sie lernen, sich mit ihren Naturgeistern zu verbinden, werden Sie merken, daß der Duft auch eine wohlklingende Harmonie hat. Die Feen dieser Blume kommunizieren miteinander durch

Musik. Sie können helfen, unser Leben zu harmonisieren und größere Hellsichtigkeit zu erlangen. Sie können aber auch vergangene Leben enthüllen und zeigen, wie Sie diese mit Ihrem jetzigen Leben harmonisch in Einklang bringen können.

Gänseblümchen

Diese Blume zieht alle Feen, Elfen und Naturgeister an. Wo sie blüht, finden sich Naturgeister, selbst solche, die mit dieser Blume nichts zu tun haben. Über das Gänseblümchen kann man am leichtesten mit dem Reich der Feen Verbindung aufnehmen, da seine Feen keine Angst vor Menschen haben und für einen Kontakt offen sind. Mit seiner Hilfe können wir lernen, uns die Gegenwart der Naturgeister physisch bewußt zu machen. Das Gänseblümchen ist die Lieblingsblume der Dryaden (Waldnymphen). Einfach nur inmitten der Blumen zu sitzen, reicht für einen Kontakt schon aus. Die Feen des Gänseblümchens helfen, Kreativität und innere Stärke zu entwickeln.

Gardenie

Feen dieser Blume verfügen über Kenntnisse der Telepathie und können uns helfen, unsere telepathischen Verbindungen mit allen Naturgeistern zu intensivieren. Sie wecken ein Gefühl von Frieden, und gelegentlich wird der Feengeist dieser Blume für kurze Zeit einem Menschen folgen, um ihn zu aktivieren und ihm Schutz zu bieten. Diese Blumenfeen beschützen vor allem Kinder, und es ist daher beruhigend, sie in der Nähe spielender Kinder zu haben.

Gartennelke

Die Feen der Nelke nehmen die Farbe der Blume an. Sie strahlen tiefe Liebe für die Menschen aus. Ihre Energie ist eine Wohltat für den ganzen Körper. Ihr Duft und ihre Farbe sind Instrumente, mit denen sie Heilung vollbringen. Der Kontakt mit ihnen stärkt die Aura und gibt Ihnen die Liebe für das Leben im allgemeinen und für Sie selbst im besonderen zurück.

Geißblatt

Die Blumenfeen und -elfen des Geißblatts sind kraftvolle Wesen. Sie wissen viel über Aromatherapie, vor allem, wie man die Vergangenheit überwindet. Die Begegnung mit ihnen kann zu mächtigen Träumen führen und weckt große psychische Energie. Diese Feen können Sie lehren, Ihre eigenen Reize und Ihren Zauber zu entwickeln, so daß andere sich stärker zu Ihnen hingezogen fühlen.

Geranie

Die Feen und Elfen dieser Blume erwecken ein Gefühl des Glücks, sie berühren das Herz-Chakra. In den meisten Geranienbeeten findet sich ein Elf, der das gesamte Gebiet überwacht. Die Feen dieser Blume stärken und vitalisieren die Aura. Sie können Ihnen auch zeigen, wo Sie Chancen, glücklich zu sein, verpassen.

Heidekraut

In der Blüte der Heide verbergen sich Feen, die eine einzigartige Fähigkeit besitzen, nämlich den Ausdruck der eigenen Persönlichkeit zu entwickeln. Sie werden vor allem von Kindern und Erwachsenen angezogen, die schüchtern und nach innen gekehrt sind. Sie können diesen beibringen, sich nach außen zu öffnen und ihre inneren Fähigkeiten zu zeigen. Das Heidekraut scheint über eine Reihe von Feengeistern zu verfügen, die sein Wachstum überwachen, also nicht nur eine einzige Fee. Vielleicht liegt das daran, daß viele Menschen Heidekraut als Baum ansehen, obwohl man nie einen Baumgeist darin entdeckt hat - nur Blumenfeen.

Hyazinthe

Sich auf die Fee dieser stark duftenden Blume einzustimmen, ist ähnlich, wie sich dem süßen Gesang der Jugend hinzugeben - ein Gesang, der dem

Menschen den Glauben zurückgibt, daß alles möglich ist. Diese Feen kennen viele Antworten auf die Mysterien von Tod und Bestattung; mit ihrer Energie läßt sich Kummer leichter überwinden. Ihre Energie weckt größere Sanftheit und kann uns lehren, diese Eigenschaft als dynamische Kraft einzusetzen.

Iris

Iris war die griechische Göttin des Regenbogens, und die Feen dieser Blume zeigen sich in allen Farben des Regenbogens. Sie können Ihnen Blick für das Reich der Feen öffnen. Sie wecken große Inspiration, kreativen Ausdruck und psychische Reinheit. Sie bringen in unsere Aura ein starkes Gefühl von Frieden und die Hoffnung auf eine neue Geburt.

Jasmin

Diese Blume war im alten Persien heilig. Die Feen und Geister in Verbindung mit dieser Blume sind alt und weise, sie stehen mit alten Devas in Verbindung, die einst die Mysterienschulen des alten Persiens leiteten. Sie kennen das Geheimnis prophetischer Träume und können helfen, Unterscheidungsfähigkeit und geistige Klarheit zu entwickeln. Wer sich in einer Zeit des Übergangs befindet, kann nichts Besseres tun, als sich mit den Feen dieser Blume zu verbinden.

Klee

Die Feen dieser Pflanze haben oft die Eigenschaft einer Elfe. Es ist nicht ungewöhnlich, den seltenen Gnom irgendwo in einem Kleefeld zu finden. Diese Feen helfen, Liebe und Treue zu finden, aber auch, außersinnliche Fähigkeiten zu entwickeln. Sie zeigen sich den Menschen, die der Natur Freundlichkeit entgegenbringen, sehr schnell. Das geschieht oft durch flackernde Lichter, die um den Klee tanzen. Die Feen des weißen Klees sind in der Zeit des Vollmonds am kraftvollsten und am besten sichtbar.

Normales Wasser kann durch Kleeblätter, die an den Lieblingsstellen der Feen gesammelt werden, verzaubert werden. Wäscht man die Augen mit diesem Wasser, kann man Feen in der näheren Umgebung sehen.

Lavendel

Als Kraut ist Lavendel für viele heilende und magische Eigenschaften zuständig. Das liegt zum großen Teil an der starken Aktivität der damit verbundenen Feen. Überall dort, wo Lavendel wächst, findet sich eine starke Feen- und Elfenaktivität - nicht nur in Verbindung mit der Pflanze. Die Feen des Lavendels können uns helfen, Naturgeister mit unseren physischen Augen zu sehen. Die günstigste Zeit für eine

Begegnung ist der Vorabend zum Johannistag (24. Juni).

Die Feen dieser Blume und die anderen Naturgeister, die sie anzieht, wirken stark beschützend. Es gibt viele Märchen von Menschen, die von ihrem Mann oder ihrer Frau mißhandelt wurden, und infolgedessen selbst Probleme herbeiführten. Die Lavendelfeen können Heilung und Schutz bringen und dabei helfen, emotionale Blockaden zu überwinden.

Maiglöckchen

Das Leben dieser Blumenfee ist, wenn man ihr im Winter begegnet, sehr stark, besonders aber zur Wintersonnenwende. Sie ist bei den Naturgeistern besonders beliebt, weil sie mit dem Erzengel Gabriel verbunden ist. Die Fee dieser Blume kann Ihnen bei den Mysterien der Neugeburt helfen. Sie hilft auch, Reinheit und Demut zu entwickeln.

Mohn

Als Blumenessenz verwendet, macht Mohn Sie aufnahmefähig für Begegnungen mit den unterschiedlichen Wesen des Feenreiches und erleichtert das Wahrnehmen der feinstofflichen Energien des Lebens.

Narzisse

Die Feen dieser Blume helfen, unsere innere Schönheit zu erkennen. Sie lehren uns, tiefere Stufen der Meditation zu erreichen und bringen gedankliche Klarheit. Diese Feen sind immer von einem wundervollen Glanz umgeben, durch den wir uns selbst in einem neuen Licht sehen.

Orchidee

Wo Orchideen wachsen, finden sich Naturgeister, Elfen, Feen und selbst jene phantastischen Geschöpfe und Wesen, die ebenfalls der Welt der Feen angehören. Diese Blume hat ihren Namen von einer Nymphe, die von einem Satyr verführt wurde, weshalb diese Blume und ihre Umgebung oft von Nymphen und/oder Satyrn gehütet wird. Diese Geister haben eine dynamische Auswirkung auf die Sexualenergie und kennen die spirituellen Aspekte der Sexualität wie auch die Techniken der Sexualmagie. Ihre Energie ist stark und wirkt auf den Sexualtrieb.

Ringelblume

Die Feen und Naturgeister in Verbindung mit dieser Blume können Ihnen helfen, die Fähigkeit des Hellhören zu entwickeln. Wenn Sie sich auf diese Blumen einstellen, werden Sie ihre Feen nach einiger Zeit hören können. Die Feen der Ringelblume hüten die Mysterien und die Magie des Gewitters, kennen aber auch die Macht des Wortes - vor allem beim Heilen. Auch das Wissen der Mysterien der Liebe und des Opfers ist ihnen eigen.

Rose

Sie ist eine der heiligsten Blumen, und ihre Feen und Geisterwesen haben eine enge Verbindung zu ihren älteren Brüdern und Schwestern, den Engeln. Sich auf eine Rose einzustellen, kann Ihnen helfen, das Gefühl der Liebe zu entwickeln und sich auf die Hierarchie der Engel einzustimmen. Die Rosen-Feen können die Gaben der Telepathie und Wahrsagekunst lehren. Sie hüten die Geheimnisse der Zeit und bewahren sie vor Entdeckung. Mit Hilfe der Fee der weißen Rose lernen wir, spirituelle Reinheit zu entwickeln und unsere Göttlichkeit zu entfalten, während uns die Fee der roten Rose alle Aspekte der Liebe und Fruchtbarkeit schenkt. Die Fee der rosafarbenen Rose hingegen kann uns lehren, wie wir das Männliche und Weibliche für eine Neugeburt mischen können, und die Fee der gelben Rose hilft uns, die Wahrheit zu erkennen und zum Ausdruck zu bringen.

Rosmarin

Dieses Kraut kann eine lange Geschichte in Verbindung mit Elfen und Feen erzählen. Rosmarinzweige werden in England an den Weihnachtsbaum gehängt - als Opfer und Ausdruck der Dankbarkeit den Elfen gegenüber für ihre Hilfe während des ganzen Jahres. Früher wurden die Feen und Wesen von Rosmarin oft angerufen, beim Kampf gegen jegliche Art von schwarzer Magie oder gegen Haß zu helfen. Ihre Energie ist positiv und kraftvoll. Sie wecken die Klarheit des Geistes und die schöpferischen Kräfte und können außerkörperliche Erfahrungen unterstützen.

Salbei

Die Feen und Elfen von Salbei verfügen über große Energie, und allein schon der Pflanze nahe zu sein, kann zu veränderten Bewußtseinsstadien führen. Wer sich auf ihre Energien einstimmt, lernt schneller, seine medialen Fähigkeiten zu entwickeln. Die Feen dieser Pflanze wissen, wie man den Alterungsprozeß verlangsamt, und sie geben Ihrem Leben ein neues Gefühl der Unsterblichkeit und Weisheit, indem sie ein erhöhtes Interesse an spirituellen Dingen wecken.

Thymian

Wenn Sie Thymian als Duft zur Schlafenszeit verwenden, lockt er *das kleine Volk* in Ihr Schlafzimmer.

Tulpe

In der Blüte einer Tulpe sitzt eine wunderschöne Blumenfee. Sie hilft den Menschen, Vertrauen zu entwickeln und sich ihrer geistigen Fähigkeiten klar zu werden. Diese Blumenfeen hüten das Wissen um die verborgene Bedeutung von Ereignissen, Menschen und Dingen und können daher den Menschen Einsicht in die Geheimnisse des Lebens vermitteln.

Veilchen

Das Veilchen ist die Blume der Einfachheit und Bescheidenheit, zwei der wichtigsten Eigenschaften, die wir entwickeln sollten, wenn wir Feen und Elfen begegnen wollen. Das Veilchen ist allen Feen heilig, vor allem der Feenkönigin. Das erste Veilchen im Frühling zu sammeln bedeutet, die Energien des Glücks und die Hilfe des Feenreichs in unser Leben zu holen, damit im kommenden Jahr ein Wunsch in Erfüllung geht. Die einzelnen Feen des Veilchens können Ihnen helfen, Ihre Stellung innerhalb von Gruppen klar zu erkennen. Sie wecken die Sensitivität für außersinnliche Wahrnehmungen und zeigen sich oft in Träumen.

Du bist
das Rascheln des Windes
der durch die Bäume streicht

Deine Gegenwart ist unaufdringlich und angenehm. Leider fällt den meisten Menschen deine positive Ausstrahlung nicht gleich auf. Du bist in der Lage, anderen angenehme Gefühle und Entspannung zu vermitteln und erzeugst damit positive Stimmung. Leider wird von deinem Umfeld oft nicht wahrgenommen, daß du der Auslöser hierfür bist.

Also: Ruhig hin und wieder mit gesundem Selbstvertrauen auf den Putz hauen. Hier ist der goldene Mittelweg angesagt, denn man muß ja nicht gleich einen Sturm entfesseln, nur weil das Rascheln von irgendwelchen unaufmerksamen Deppen nicht wahrgenommen wird. Die würden einen Zug erst dann registrieren bzw. hören, wenn er sie überfährt. Aber auch die feinfühligen Mitmenschen brauchen hin und wieder einen kleinen Stupser. Also stell dein Licht nicht unter den Scheffel! Die Voraussetzungen sind günstig, nur halt noch ein bißchen »dünn«.

BEGEGNUNG MIT DEN BAUMGEISTERN

Der Baum ist ein uraltes magisches Symbol und symbolisiert alles, was wächst. Er steht für Fruchtbarkeit und das Leben selbst. Für manche ist er die Achse der Welt, für andere die Welt selbst. Seine Wurzeln sind in der Erde, und dennoch reichen seine Äste weit in den Himmel. Er ist eine Brücke zwischen Himmel und Erde, ein Mittler zwischen den Welten und somit eine natürliche Schwelle zu anderen Bereichen, vor allem zu der Welt der Feen und Elfen.

Der Baum ist mit Paradies und Hölle zugleich in Verbindung gebracht worden - er ist der *Baum des Lebens* und der *Baum des Wissens*. In der griechischen Mythologie hing das Goldene Vlies an einem Baum. Das christliche Kreuz war ursprünglich ein Baum. Buddha wurde, als er unter einem Baum saß, erleuchtet. Odin hing neun Tage und Nächte lang am Weltenbaum Yggdrasil, um höhere Weisheit zu erlangen. Die alten Druiden schrieben den einzelnen Bäumen unterschiedliche Energien zu. Jede Kultur hat ihre Geschichten, Mythen und Legenden, die sich um den Baum ranken.

Denken Sie nur an die Vielfalt von Bäumen. Sie tragen Früchte, liefern Holz, Schatten, Schutz vor Wind und Kälte. Sie stellen Grenzbereiche dar, indem sie einen

Teil des Landes von einem anderen oder eine Welt von der anderen trennen. Jeder Baum kann eine Schwelle zum Reich der Feen sein.

Alle Kinder fühlen sich von Bäumen angezogen: Sie klettern darauf herum, spielen im Baum oder bauen sich sogar ein Baumhaus. Das hat viel mit der Energie des Baumes und seiner Beziehung zum Feenreich zu tun. Kinder werden naturgemäß von jenen Orten angezogen, an denen sich Feen finden; Feen und Elfen werden von Kindern angezogen, weil sie deren Phantasie anregen und mit ihr spielen. Kinder spüren instinktiv den Geist des Baumes, selbst wenn sie nicht artikulieren können, was sie an einem Baum so fasziniert.

Bäume sind seit jeher mit magischen und spirituellen Attributen versehen worden. Unsere Gewohnheit »auf Holz zu klopfen« ist entstanden, weil wir sicher gehen wollten, daß keine Geister im Baum saßen, wenn wir ihn fällten. Im deutschen Volkstum hausten in den Bäumen besondere Geister, die Kobolde. Die Bäume, in denen diese Geister lebten, wurden gefällt und man schnitzte aus einigen Ästen Figuren, so daß die Geister immer noch ein Heim hatten. Diese Figuren wurden dann in hölzernen Kästchen verschlossen und ins Haus gebracht. Den Kindern war es strengstens verboten, sich in ihrer Nähe aufzuhalten. Öffneten sie doch ein Kästchen, würde der Kobold herauskommen und ein Chaos anrichten. Der Springteufel sollte den Kindern einen Schrecken einjagen, damit der Kobold nicht noch einmal gestört würde.

Kein Baum ist ohne Geist. Es ist das Heim eines Lebewesens, das alle Aktivitäten und Energien dieses Baumes überwacht. Dieser Geist wächst mit dem Baum und verschwindet bei seinem Tod.

Baumgeister haben große Würde. Im allgemeinen sind sie zu den Menschen liebevoll und fühlen sich zu ihnen hingezogen. Es ist nichts Ungewöhnliches, wenn ein Mensch seinen Lieblingsbaum und ein Baum seinen Lieblingsmenschen hat.

Baumgeister sind nicht an einen bestimmten Baum gebunden, obwohl sie sich oft in dessen Nähe aufhalten. Sie können sich ein Stück vom Baum entfernen, wenn sie möchten. Gewöhnlich sind sie am Tag so stark mit den normalen Wachstumsaktivitäten beschäftigt, daß sie kaum zu erkennen sind. Nachts jedoch, wenn die äußere Welt ruhiger wird, können sie frei »herumgeistern«. Viele Menschen sind, wenn sie sich nachts draußen aufhalten, nervös, vor allem im Wald und unter Bäumen. Zum Teil ist das die Reaktion auf die Energie der Baumgeister, wenn diese aus den Bäumen heraustreten und ihre Gegenwart stärker spürbar wird.

Diese Wesen fühlen sich zu den Menschen hingezogen und tun ihnen nichts Böses, im Gegenteil, sie können sogar ganz liebevoll sein. Es ist leichter, ihre Gegenwart zu spüren, wenn die Betriebsamkeit des Tages nachgelassen hat. Sehr oft sind ihre Schwingungen so stark und so anders, daß Menschen sich erkälten oder ihnen ein Schauer über den Rücken läuft, wenn sie sich in der Nähe eines Baumgeistes aufhalten.

Jeder Baum ist ein Heim für eine Vielzahl von Elfen und Feen, die oft in Gemeinschaften und Gruppen leben. Viele von ihnen sind ein Leben lang an einen Baum gebunden und fühlen sich als sein Beschützer. Es ist daher besser, wenn man vor dem Fällen um ihre Erlaubnis bittet.

Die Baumelfen sind normalerweise das, was man in der Nähe eines Baumes als erstes sieht; sie werden oft für den tatsächlichen Baumgeist gehalten. Die meisten dieser Feen und Elfen sind jedoch Erdgeister. Sie leben unterhalb der Oberfläche des Baumes, oder man sieht sie auf den Ästen entlanglaufen. Eine Ohreule in einer Eiche kann oft ein Zeichen für die Gegenwart eines Waldelfs sein, der seine Form verändert hat.

Der Holunder, eher ein Busch als ein Baum, ist am dichtesten bevölkert. Unter seinen Wurzeln leben zahlreiche winzige Elfen. Der Holunder hat auch seine eigene Feenpersönlichkeit, die viele gute Elfen und Feen schützt. Mit der Eiche verbindet sich eine lange Geschichte von Magie und Sage. Oft ist sie das Heim oder der Sammelplatz vieler Naturgeister, und sie nimmt es daher dem Menschen übel, wenn er sie fällt. Ulmen trauern regelrecht, wenn Mitglieder ihrer Familie gefällt werden, und die Weidengeister sollen Reisenden sogar in dunklen Nächten ein Stück hinterher gelaufen und geschimpft haben. Lange hat man die Eberesche als Elfenbaum angesehen, und eine Eberesche zu fällen sollte angeblich Unglück durch die Elfen bringen, die in ihr lebten. Auch die Linde soll ein Lieblingsplatz von Elfen sein.

In der deutschen Sage nennt man Elfen, die sich unter Bäumen finden, Moosleute. Diese sehr alten Wesen leben innerhalb des Wurzelsystems der Bäume. Sie hüten das Wissen um die Heilkräfte aller Pflanzen.

Heutzutage sind die Baumfeen selten geworden, aber viele Feen halten sich immer noch an einen besonderen Baum oder eine besondere Baumart. Wenn am Fuß eines Baumes (vor allem einer Eiche) Wildblumen gedeihen, ist dies oft Zeichen für das Heim winziger Feen. Die Wildblumen genießen den Schutz und die Energie des Baumgeistes. Die gebräuchlichsten Wildblumen, die den Baumfeen als Heim dienen, sind Schlüsselblume, Thymian, Fingerhut und Glockenblume.

Auch andere Wesen des Feenreichs sammeln sich und leben in Gruppen an Bäumen, in Wäldern und waldigen Gegenden. Die Griechen nannten sie Dryaden, die meisten Menschen jedoch kennen sie unter der Bezeichnung Waldnymphen. Noch heute finden sie sich in waldigen Gegenden - vor allem jenen, die noch ein wenig verwildert sind.

Die Waldnymphen sind im allgemeinen weiblich und wenig oder gar nicht bekleidet, und meistens tanzen sie, wenn sie sich dem menschlichen Augen zeigen, im Sonnenlicht, das durch die Bäume schimmert. Sie haben eine wunderschöne Stimme und lieben es, Vögel zu imitieren. Sie verstehen die Sprache der Tiere und der Menschen und sind sehr neugierig auf sie. Obwohl sie im allgemeinen eine direkte Begegnung meiden, riskieren sie es dennoch, die Menschen zu beobachten.

Bei den Waldnymphen in waldigen und dicht bewachsenen Gegenden findet sich im allgemeinen auch eine *Waldfrau*. Oft in der Gestalt einer wunderschönen Frau, hütet dieser Geist den ganzen Wald oder kleine Haine. Birkenhaine sind Zwischenbereiche, die sie besonders mögen.

Diese Wesen sind von zauberhafter Schönheit und sprechen die Sprache der Tiere. Zu Rehen und Hirschen fühlen sie sich besonders hingezogen, und sie singen süße Lieder, die das Herz rühren und den Hain segnen. Sie wissen alles, was in ihren Wäldern geschieht, und Sie werden sie nur sehen, wenn sie es zulassen - wie zufällig es auch erscheinen mag. Eine Waldfrau zu treffen ist eine Gnade.

Die Fähigkeit, Baumgeister und -elfen zu sehen, ist von Mensch zu Mensch verschieden. Es ist vor allem eine Frage der Übung, und man muß wissen, wonach man sucht. Die Meditationen in Scott Cunninghams »Zauber des Feenreichs« werden Ihnen helfen. Wenn Sie sich mit den Eigenschaften der einzelnen Bäume beschäftigen, werden Sie viel über den Charakter des betreffenden Baumgeistes erfahren.

Hier einige allgemeine Vorschläge für die Begegnung mit Baumgeistern, -feen und -elfen.

- Beschäftigen Sie sich mit den Überlieferungen zu Bäumen.

- Verbringen Sie viel Zeit in der Nähe von Bäumen. Gehen Sie in Parks. Klettern Sie auf einen Baum, oder setzen Sie sich unter einen Baum und spüren Sie seine Gegenwart.

- Wenn möglich, gehen Sie in die Natur, zum Zelten oder für ausgedehnte Spaziergänge - hinaus aus der Stadt.

- Meditieren Sie über die einzelnen Bäume. Achten Sie darauf, wie sich jeder Baum anfühlt. Versuchen Sie, sein inneres Wesen und seinen Geist zu erfassen.

- Setzen Sie sich gelegentlich in einer gewissen Entfernung von Bäumen und Sträuchern und schauen Sie mit halbgeschlossenen Augen, wie beim Tagträumen, auf den Baum. Sehen Sie in Rinde und Zweigen Formen oder Gesichter?

Machen Sie sich keine Gedanken, Sie würden sich dies nur einbilden. Sie erweitern dadurch Ihre Wahrnehmungsfähigkeit, und diese leichte Konzentration hilft Ihnen, den Geist des Baumes zu erkennen. Meistens sieht man ihn zuerst aus der knorrigen Rinde herausschauen. Mit Übung und Hartnäckigkeit werden Sie allmählich mehr und mehr sehen.

Du bist
der würzige Duft
eines Kiefernhains

Durch deine frische und bodenständige Ausstrahlung vermittelst du anderen ein Wohlgefühl.

Außerdem gelingt es dir, deinen Mitmenschen in veränderten Lebensaufgaben neue Kraft zu geben und ihnen zu mehr Optimismus zu verhelfen. Deine Anwesenheit hilft »dicke Luft« zu klären. Du bist in guter Gesellschaft unter Gleichgesinnten und fühlst dich wohl in diesem ausgeglichenen Klima. Dein Leben plätschert ohne große Höhen und Tiefen dahin, und das ist dir mehr als recht. Da beide Seiten davon profitieren, ist das ein Zustand, den du ewig beibehalten könntest.

BÄUME UND IHRE GEISTER

Jeder Baum kann eine Schwelle in das Feenreich, eine Quelle der Energie und Kreativität in der ihm eigenen Weise sein. Wenn Sie sich den Geistern, Feen und Elfen öffnen, die mit Bäumen zu tun haben, wecken Sie die Energie des Baumes und bringen sie in Ihr Leben.

Jeder Baum und jeder Baumgeist hat seine einzigartigen Eigenschaften, er ist durch die verschiedenen Elfen und Geister gekennzeichnet, die diesen Baum umgeben. Sie können uns in unserem Leben auf vielfältige Weise helfen. Wenn Sie Geduld haben, werden die Baumgeister ihre Energie und ihr Wissen mit Ihnen teilen.

Die folgende Aufstellung ist in keiner Weise vollständig, sie ist nur als Hinweis gedacht, die Energien der verschiedenen Baumgeister zu erkennen, zu verstehen und mit ihnen zu arbeiten.

Jeder einzelne Baum kann uns viel lehren, wenn wir lernen, die zärtliche Liebkosung seines Schattens zu spüren und dem leisen Flüstern im Rascheln der Bäume zu lauschen.

Ahorn

Dieser Geist erscheint immer in seiner wahren, androgynen, also zwitterhaften Form - weder männlich noch weiblich; er verkörpert beide Eigenschaften. Er weiß viel über Gleichgewicht und wie man sein Gleichgewicht hält, um in Verbindung mit Mutter Erde zu bleiben. Er kann die weiblichen Aspekte des Nährens, der Intuition und der Kreativität wecken. Der blühende Ahorn zieht viele Feen an, und wenn Sie sich während dieser Zeit auf ihn einstimmen, werden Ihnen die Feen helfen, süße Hoffnungen und Wünsche zu erfüllen.

Apfel

Mit dem Apfelbaum sind viele magische Eigenschaften verbunden. Er ist Heim eines der Phantasiegeschöpfe im Feenreich - des Einhorns. Nach der Überlieferung lebt das Einhorn unter einem Apfelbaum. Die Apfelblüten ziehen im Frühling jede Menge Blumenfeen an und vermitteln denen, die sich in der Nähe aufhalten, ein Glücksgefühl. Der Geist dieses Baumes kennt den Schlüssel zu ewiger Jugend und Schönheit. Oft nimmt er die Form einer schönen verführerischen Frau an und öffnet das Herz für eine neue Liebe.

Birke

Die Birke ist ein magischer Baum, und sein Geist kann Sie mit vielen Aspekten des elementaren Reichs des Lebens verbinden. Er ist sehr alt und gilt manchmal als Waldfrau. Die Birke ist die Schwelle zum Zwischenreich, und ihre Energie kann Sie mit allen Wesen und Göttinnen des Waldes verbinden, einschließlich der Waldnymphen. Die Rinde darf nie ohne Erlaubnis entfernt werden, doch wenn man sie bekommt, gilt dieses als Gnade, und dann wird dieser wundervolle Geist vielleicht demonstrieren, wie man mit Hilfe eines Birkenstabs vom Reich der Sterblichen in die Welt der Feen und wieder zurück kommt.

Buche

Obwohl die Buche für das Feenreich keine sehr große Bedeutung hat, ist sie seit jeher als heiliger Baum angesehen worden. Der beinahe universelle Glaube, daß ein Gebet unter einer Buche direkt in den Himmel geht, enthüllt viel von dem Geist dieses Baumes. Der Geist der Buche weiß viel über die Vergangenheit und wie man sie anwenden kann, um die Gegenwart zu verändern - was oft durch unsere Gebete geschieht.

Der Geist der Buche ist mit dem Wissen über die Macht des geschriebenen Wortes vertraut und kann in uns die Liebe zur Literatur wecken. Es war wohl die

Rinde einer Buche, in die die ersten Seiten europäischer Literatur geritzt wurden. Die Sanskritbuchstaben sollen in Streifen aus Buchenrinde eingeritzt gewesen sein. Buch und Buche gehören im Deutschen sehr deutlich demselben Wortstamm an.

Der Geist der Buche ist von großer Stärke und Anmut. Es ist ein weiblicher Geist, und er hat die Fähigkeit, die Gabe der schriftlichen Kommunikation zu wecken und zu lehren - für weltliche wie auch magische Zwecke. Kein anderer Baumgeist kann uns so gut lehren, Worte der Liebe zum Ausdruck zu bringen oder einen anderen Menschen zu bewegen, uns zu lieben. Dieser Geist lehrt und erinnert uns daran, daß nicht nur unser Körper Nahrung braucht, sondern auch unser Geist - wenn wir ihn wecken und ihm Ausdruck verleihen, entdecken wir unsere wahre Größe.

Eberesche (Vogelbeerbaum)

Auch die Eberesche ist ein alter, magischer Baum. Ihr Geist hütet das Wissen um die Vorzeichen in der Natur und wie man sie lesen kann, ohne abergläubisch zu werden. Dieser Geist bietet Schutz und Einsicht durch Visionen, und er kann verwendet werden, um Kontakt zu allen Göttinnen aufzunehmen. Die Weisheit dieses Baumes ist so groß, daß er, wenn Sie erst einmal mit ihm verbunden sind, Sie lehren kann, magische Geister, Führer und Elementarwesen herbeizurufen. Der Geist dieses Baumes hilft, Übergriffen durch äußere Kräfte vorzubeugen. Er wirkt erdend und sorgt dafür, daß der Mensch in den Feenwelten nicht verlorengeht.

Eiche

Die Eiche war der heilige Baum der Kelten und Druiden. Er ist Heim eines mächtigen Geistes von großer Kraft und Ausdauer und besitzt altes Wissen über die Kontinuität des Lebens. Ihm nahe zu sein, reicht schon aus, um die Aura eines Menschen zu stärken. Er ist eine natürliche Schwelle zum Reich der Feen und ihrer Mysterien. Jede Eichel hat ihre kleine Fee, und wenn Sie eine Eichel mit nach Hause nehmen, so ist dies eine Einladung für einen engeren, wenn auch nur kurzen Kontakt mit diesen Feen. Seit jeher ist die Eiche Heim großer Ansammlungen von Elfen und Feen gewesen.

Die Eiche, in der sich ein Mistelzweig findet, ist noch magischer und mächtiger. Obwohl Mistelzweige nur in der männlichen Eiche vorkommen, verkörpern die Feen, die mit ihnen verbunden sind, die weiblichen Energien. Wo eine Mistel wächst, beschützen Feen die Kinder und jene, die das **Innere Kind** nicht verloren haben. Die Feen der Mistel verfügen über die

Gabe, sich unsichtbar zu machen und die Form zu verändern. Sie verfügen über große Schönheit und können Fruchtbarkeit stimulieren. Sich mit der Mistel der Eiche zu verbinden, kann eine Zukunfts-Vision Ihrer Seele wecken.

Erle

Der Geist der Erle ist ein Schutzgeist, der über großes Wissen hinsichtlich Prophetie und Zukunftsdeutung mit Wasser und Spiegel verfügt. Wenn dieser Geist den Baum verläßt, nimmt er oft die Form eines Raben an.

Esche

Mit der Esche bringt man große Mystik und Macht in Verbindung. In der nordischen Tradition hieß die Esche *Yggdrasil*, das bedeutet: Baum des Lebens. Er ist die Schwelle zu vielen Dimensionen des Feenreichs. Sein Geist ist mächtig und hat das Wissen, wie Ereignisse und Menschen miteinander verbunden sind. Er kann die Magie der Dichtkunst lehren und wie man Worten Ausdruck verleiht.

Haselnuß

Dieser Baum ist das Heim eines ruhigen Geistes der Magie. Alle Obst- und Nußbäume sind Symbol verborgener Weisheit, und der Geist dieses Baumes kann

Ihnen helfen, auf einzigartige Weise verborgene Weisheit zu erlangen. Er weckt Intuition und Einsicht und weiß alles über die elektromagnetischen Felder der Erde. Sich auf diesen Geist einzustimmen, kann Ihnen viel Wissen über Wünschelrutengehen vermitteln. Dieser stille Geist verfügt über Kenntnisse, wie Sie Worten große Ausdruckskraft verleihen können, und lehrt, wie Sie die Ruhe des eigenen Geistes und Bewußtseins finden können (zum Beispiel in der Meditation).

Holunder

Bei den Druiden und Kelten war der Holunder heilig. Er war der Baum von Geburt und Tod, von Anfang und Ende. Sein Geist ist der Geist des Übergangs, der lehrt, wie man sich einer günstigen Gelegenheit bewußt wird, um das Alte auszulöschen und das Neue zu bauen. Dieser Baum kann Ihnen Zugang verschaffen zu der Mutter-Gottheit in ihren vielen Formen.

Der Geist dieses Baumes verfügt über große Kenntnisse der Magie. Er kann Schutz geben und selbst den schwächsten Wünschen Kraft verleihen. Der Holundergeist erleichtert den Kontakt mit den Wesen des Waldes einschließlich der Dryaden und anderer Waldnymphen. Er ist der Heiler, der seinen Hain und alle seine Kinder darin beschützt. Er ist der ideale Baumgeist, um die Verbindung zum Feenreich wieder aufleben zu lassen.

Kiefer

Die Kiefer beherbergt einen mächtigen, alten Geist. Er hat eine Verbindung zu den Dionysien und war der heilige Baum Mithras. Auch für Poseidon war er heilig. Die Kiefer, die in Küstenregionen wächst, ist oft Sammelplatz für Wassergeister und Nixen. Dieser Baumgeist hat eine heilende und ausgleichende Wirkung, vor allem für Emotionen. Er lehrt uns, wie wir unsere kreativen Energien zum Ausdruck bringen, ohne Schuldgefühle zu entwickeln, und schützt uns vor allen Formen der Negativität.

Kirschbaum

So wie der Apfelbaum das Heim des Einhorns ist, ist der Kirschbaum das Heim eines anderen Phantasiegeschöpfes des Feenreichs - des Phönix. Der Geist dieses Baumes gibt sich in seiner äußeren Erscheinung oft feurig. Er hat die Fähigkeit, die Menschen an die Schwelle eines neuen Erwachens zu bringen.

Linde

Sowohl in Europa wie auch in Amerika ranken sich viele Geschichten um die Linde. Sie ist ein Baum, dessen Geist uns heilen und uns die Fähigkeit lehren kann, die Schönheit hinter der Oberfläche zu erkennen. Sie ist der Geist der Mystiker, der Poeten, der

Träumer und des Kindes - also all jener, die die Fähigkeit nicht verloren haben, hinter die äußere Erscheinungsform zu sehen. Dies zeigt sich in ihren herzförmigen Blättern und der Tatsache, daß die Unterseite der Blätter glänzt und nicht die Oberfläche, wie bei den meisten anderen Bäumen.

Sie ist der Geist, der den süßen Honig in allen Lebenssituationen enthüllt. Im Frühling zieht der Lindennektar Bienen an, und der Honig der Linde ist leichter als der anderer Blumen. Der Geist der Linde erinnert uns an die Träume, die wir ganz tief in unserem Herzen versteckt haben, und weckt die innere Kraft und den Willen, diesen Träumen zu folgen.

In Europa besteht eine enge Verbindung zwischen dem Kuckuck und der Linde. Der Geist des Lindenbaumes nimmt oft die Form eines Kuckucks an, um den Baum zu verlassen. Lange Zeit ist der Kuckuck als die Quelle großen Aberglaubens und großer Inspiration angesehen worden. Er gilt auch als Bote des Frühlings, der Zeit der Wiedergeburt, in manchen Teilen Europas als Bote von Tod und Heirat - beides Symbole großer Transformation. Der Geist der Linde verfügt über das Wissen des Lebens, des Todes und der Transformation - und die wahre Schönheit und Süße in jenen Prozessen, wie auch immer sie sich für den einzelnen darstellen mögen.

Der Geist der Linde lehrt uns, mit dem inneren Geist zu heilen und zu transformieren und diese Schönheit und Freude in all ihren Formen zu finden. Durch die Linde erfahren wir, daß Leiden nur dann für die Seele gut ist, wenn wir lernen, nicht ein zweites Mal leiden zu müssen.

Pappel

Die Pappel ist ein schöner, schnell wachsender Baum mit einem sehr ausgedehnten und kräftigen Wurzelsystem. Meistens ist er von hohem Wuchs, und einige Arten können sogar in trockener Umgebung und ohne viel Pflege gedeihen.

Der wundervolle Geist dieses Baumes zeigt dem Menschen, wie Träume und Pläne Wirklichkeit und in ganz kurzer Zeit (oft innerhalb eines Jahres) sichtbare Früchte geerntet werden. Dieser Geist erinnert uns an die Chancen, die uns das Leben bietet, und daß keine Gelegenheit je verloren geht. Wir haben immer wieder eine neue Möglichkeit.

Dies zeigt sich nicht nur durch das schnelle Wachstum der Pappel, sondern auch dadurch, daß sich ihre Blätter im Herbst (mit aller Symbolik) gold färben und, wenn sie fallen, zahllose Zweige senkrecht gen Himmel ragen. Der Geist der Pappel ruft in uns Menschen die Möglichkeiten wach, die das Leben bietet, und weckt die Erinnerung daran. Dieser Geist (er ist weiblich) erinnert uns gleichfalls daran, daß in jeder Lebenserfahrung Gold liegt und wir alle zu höchster Blüte gelangen können.

Der Geist der Pappel gehört zu denen, die sich um die irdischen und weltlichen Dinge der Menschen in seiner Umgebung Gedanken machen. Er lehrt uns, daß wir die Härte des Lebens ertragen können, wenn unsere Wurzeln stark sind, und wie wir persönliche Ängste und Selbstzweifel, die unsere Pläne blockieren, überwinden können. Durch das sanfte Wispern ihrer Blätter mit jeder Brise enthüllt uns die Pappel verlorene, vergessene Erinnerungen an unsere Träume. Sie ermutigt uns und führt uns zu vielen Möglichkeiten, diese Erinnerungen wieder hervorzuholen.

Eine alte Tradition der Baummagie besagt, daß man beim Pflanzen eines Baumes einen Wunsch oder einen Traum mit eingraben soll. Während der Baum wächst, arbeitet sein Geist, um das Wachstum des Wunsches oder Traumes zu manifestieren und zu unterstützen. Mit keinem anderen Baum ist dies einfacher als mit der Pappel, denn ihr Geist zeigt den Menschen, daß sie nie eine Hoffnung, einen Wunsch oder einen Traum erhalten, ohne die Möglichkeit, ihn in die Realität umzusetzen.

Stechpalme

Botanisch gesehen ist die Stechpalme ein Busch, aber sie hat die Kraft eines Baumes, und ihr Geist beschützt viele Wesen des *Kleinen Volkes*. Die Stechpalme ist daher Heim für eine Vielzahl von Elfen und Feen. Den Druiden, die sie während des Winters in ihren Häusern hielten, um den Feenwesen ein Heim zu bieten, war sie heilig. Dieser Geist tritt oft in männlicher Form auf und verfügt über Wissen von den Engelsreichen und wie man sich mit ihnen wirkungsvoller verbinden kann. Er lehrt, wie man ein echter geistiger Krieger wird. Wer mit ihm arbeitet, kann dynamische Heilfähigkeiten entwickeln.

Tanne

Der Geist der Tanne hat großes Heil-Wissen, vor allem in Verbindung mit den metaphysischen Ursachen von Krankheit. Sein Geist ist sanft und öffnet die Tore zur Welt der Feen auf eine Weise, mit der die Menschen am besten umgehen können. Wer sich auf den Geist der Tanne einläßt, findet nicht selten, daß sich mit der Zeit immer mehr Tiere in der Nähe dieses Baumes einfinden. Der Geist der Tanne liebt menschliche Gesellschaft und Aktivität und bevorzugt Familien. Wenn auf Ihrem Hof eine Tanne steht, so ist sie oft der Hauptschutz und Bewacher des Hofes. Der Geist der Tanne geht gerne eine Beziehung zu den Menschen ein und kann die Träume beeinflussen. Wenn man sich auf ihn einstimmt, erscheint er sogar gelegentlich im Traum.

Ulme

Die Ulme ist der Baum der Intuition. Sein Geist hütet das Wissen, wie man diese Eigenschaft zu voller Blüte bringen kann. Er zeigt, wie wir die ›innere Stimme‹ hören können. In der Nähe dieses Baumes ist die Aktivität der Elfen immer sehr stark, und wenn der Mensch nicht im Gleichgewicht ist, kann er leicht dem Zauber der Feen erliegen. Der Geist dieses Baumes ist so sensibel, daß er trauert, wenn Mitglieder seiner Familie gefällt werden. Er hält den Schlüssel zu Empathie* und Mitleid.

Walnuß

Der Geist des Walnußbaums ist sehr alt und kennt die Gezeiten der Wandlung. Diese zu erkennen und zu nutzen ist ein Teil dessen, was er uns lehren kann. Er kann den Menschen für neue Aspekte und Sichtweisen auf das Leben öffnen. Der Geist der Walnuß kennt auch die Mysterien von Tod und Wiedergeburt und weiß, wie sich diese in Ihrem Leben einbauen

---

*Fähigkeit, sich in andere Menschen einzufühlen.

lassen. Er stellt ein Tor zur Welt der Feen dar, die Veränderung und den schöpferischen Übergang der Wiedergeburt bewirken können. Feen fühlen sich von ihm angezogen. Er gibt ihnen ein Heim, und es ist nicht ungewöhnlich, daß sich Feen auf Walnußbäumen versammeln, um dort zu spielen.

Weide

Die Weide ist ein magischer Baum voller Mystik und Leben. In der griechischen Tradition wurde er mit Orpheus und in der keltischen mit Brigid in Verbindung gebracht. Er hat eine langwährende Beziehung zum Feenreich. Sein Geist und die Elfen, die unter ihm leben, sind Hüter der Kräuterheilkunde. Die Weide kann zu uns sprechen, und wir können sie hören, wenn wir lernen, ruhig zu werden und zuzuhören. Am ehesten ist das nachts möglich. In alten Geschichten wird erzählt, daß der Weidengeist den Baum oft des Nachts verläßt und Reisenden folgt, indem er vor sich hinbrummelt und mit ihnen spricht. Da sie ihn nicht verstehen, haben die meisten Reisenden große Angst. Der Weidengeist weiß, wie man einen Zauberstab macht und ihn verwendet. Die Weide schenkt Visionen, Kommunikation und regt die Traumaktivität an. Die beste Zeit, sich auf die Weide, ihre Energien und ihren Geist einzustimmen, ist die Nacht.

Weißdorn

Der Weißdorn ist der heilige Baum der Feen und Elfen, und sie lieben diesen Baum und seinen Geist sehr. Es ist der Baum der Magie - aller Magie innerhalb des Feenreichs. Dieser Geist verschafft Zugang zu den inneren Reichen und bietet Schutz gegen ihre Magie. Sie müssen lernen, mit dem Geist des Weißdorns geduldig zu sein, oder jene inneren Türen werden sich nie ganz für Sie öffnen. Dieser Geist kann Wachstum und Fruchtbarkeit in alle Bereichen Ihres Lebens bringen und es so verändern, daß Ihre Mitmenschen beginnen, an Zauberei zu glauben.

Zeder

Dieser Baum und sein Geist verkörpern Schutz und Heilkraft. Er ist auch mit dem Einhorn des Feenreichs verbunden - da das Einhorn seine Schätze in Kisten aus Zedernholz aufbewahrt. Dieser Geist kann unsere Emotionen zur Ruhe und ins Gleichgewicht bringen und die Traumaktivität stimulieren.

NACHLESE:
Sind Sie jetzt im Zauberbann des Feenreiches?

Dies ist und kann nur eine kleine Einführung in die Begegnung mit Feen und Elfen sein. Natürlich werden Sie jetzt mehr wissen, Übungen ausprobieren und weitere Erkenntnisse über das Feenreich gewinnen wollen. Gehen Sie in die nächste Buchhandlung - der Smaragd-Verlag hält dort noch viele Überraschungen für Sie bereit:

Ted Andrews
Zauber des Feenreichs
304 Seiten, broschiert, DM 29,80
ISBN 3-931 652-30-0

Ein Handbuch mit praktischen Anleitungen für die Begegnung und Arbeit mit der Welt des Unsichtbaren.
Mit zahlreichen wunderschönen Meditationen und Übungen in der Natur.

Feenkarten - Botschaften aus dem Reich der Natur
52 Kärtchen, vierfarbig, oval, DM 19,80
ISBN 3-926374-46-2
Wunderschöne poetische Texte, die beim Betrachter Ehrfurcht vor der Natur und allem Leben wecken.
Schließen Sie die Augen und suchen Sie sich ein Kärtchen aus - und Sie werden die Nähe der Feen und Elfen spüren!

Lisa Raddatz
Botschaften aus dem Reich der Natur
64 Seiten, broschiert, DM 12,80
ISBN 3-926374-53-5

Das Arbeitsbuch zu den zauberhaften Feenkarten - entstanden aus der Idee einer Leserin, die sich vom Zauber der Feenkarten hat einfangen lassen.

Das SET
Feenkarten + Buch
DM 29,80
ISBN 3-926374-58-6